DISCOURS

POUR LE MARIAGE

DE

M. LE COMTE AMAURY DE SAINT-POL

AVEC

Mlle MARGUERITE D'AMOY

Célébré à la Cathédrale d'Orléans, le 28 août 1879

PRONONCÉ PAR

M. L'ABBÉ DE SAINT-POL

Vicaire de Saint-Julien de Caen

DISCOURS

POUR LE MARIAGE

DE

M. LE COMTE AMAURY DE SAINT-POL

AVEC

Mlle MARGUERITE D'AMOY

Célébré à la Cathédrale d'Orléans, le 28 août 1879

PRONONCÉ PAR

M. L'ABBÉ DE SAINT-POL

Vicaire de Saint-Julien de Caen.

ORLÉANS, IMP. G. JACOB, CLOÎTRE SAINT-ÉTIENNE, 4.

C'est le secret de la religion et son glorieux privilége d'imprimer aux actes de la vie du chrétien un caractère de noblesse et de grandeur. Elle est touchante, lorsqu'avec la tendresse d'une mère elle accueille l'enfant à son entrée dans la vie et le constitue par le baptême l'héritier du ciel et de l'éternité. Elle est sublime, lorsqu'au printemps de ses années elle le convie pour la première fois à la table sainte, pour s'unir au Dieu qui a dit dans son amour: « Laissez venir à moi les petits enfants. » Elle est admirable surtout, lorsqu'elle conduit aux pieds des autels le jeune homme et la jeune fille appelés à fonder une famille, qu'elle reçoit leurs serments pour les rendre plus inviolables et bénit leur union, afin de lui assurer la paix et le bonheur. Si le prêtre est heureux quand il est appelé à consacrer une alliance qui n'offre que des gages de prospérité et d'espérance, sa joie est plus grande encore quand cette alliance est celle d'un frère tendrement aimé. Oui, je le publie hautement devant cette auguste assemblée de parents et d'amis, je bénis le ciel de réjouir mon ministère sacerdotal par cette touchante cérémonie dont je garderai toujours le plus précieux souvenir.

Nous lisons dans l'histoire que le plus saint de nos rois, au jour de ses noces, prit pour devise ces paroles qu'il avait fait graver sur son anneau : « Dieu, la France et Marguerite. » Cette devise sera le partage de ce discours ; elle trouve en cette circonstance une juste application et résume fidèlement vos devoirs envers Dieu, la patrie, la famille.

Dieu : c'est lui qui a institué la famille aux premiers jours du monde, en présentant à l'homme une compagne ornée de tous les charmes de la candeur et de l'innocence. C'est lui qui, sous la loi nouvelle, a élevé le mariage à la dignité de sacrement et a su rendre son joug suave et son fardeau léger. C'est lui qui veut régner en maître sur les cœurs qu'il vient d'unir, et en retour de leur fidélité il leur promet la joie et le bonheur. Oh ! qu'elle est belle la famille selon le cœur de Dieu ! Le royal berger de Bethléem la considérait à travers les siècles, et prenant son luth prophétique il chantait : « Bienheureux ceux qui craignent le Seigneur et qui marchent dans ses voies ! » Puis, regardant toute la famille réunie, il s'adresse à chacun des membres qui la composent : « Pour vous, dit-il au père, vous êtes bienheureux ; tout est bien pour vous : *Beatus es, et bene tibi erit ;* votre épouse est comme une vigne féconde aux parois de votre maison ; vos enfants sont comme les rejetons de l'olivier qui entourent d'une couronne bénie la table et le foyer domestique. » C'est ainsi que doit être béni celui qui craint le Seigneur.

Élevés dans cette crainte, mon frère, et vous, Mademoiselle, accoutumés dès l'enfance à porter le joug de la religion, sous les douces influences de la foi et de la vertu, vous avez compris que Dieu devait présider à vos noces; vous avez partagé les sentiments du jeune Tobie quand il disait : « Nous sommes les enfants des saints, et nous ne devons pas vivre dans le mariage comme ceux qui ne connaissent pas Dieu. » Soyez loué, mon frère, de ces sentiments; souvenez-vous que la foi fut héréditaire dans notre famille. Comment ne pas parler du baron Cauchy et de son illustre frère (1), qui sut comme lui unir à la science la plus éminente la piété la plus éclairée? Comment ne pas nous souvenir de notre vertueux père? Ses exemples sont le plus précieux héritage qu'il a su nous léguer. Hélas! que n'est-il ici pour partager notre joie! Du moins, du haut du ciel, j'en ai la douce confiance, il vous bénit en ce moment. Comment, Mademoiselle, passer sous silence un martyr (2) de nos derniers désastres, qui est à jamais l'honneur de son ordre et celui de votre famille? Comment oublier la

(1) M. Eugène Cauchy, membre de l'Institut.
(2) R. P. Anatole de Bengy, martyrisé le 26 mai 1871, rue Haxo.

sainte et vénérée fondatrice des fidèles compagnes de Jésus (1) que l'Église placera peut-être un jour sur les autels ? Que dire de tant d'autres parents sanctifiés par la foi, et dont l'image plane en ce moment sur vous ? Voilà sous quels auspices la religion est heureuse de consacrer vos engagements : ils sont saints comme le Dieu qui les reçoit et comme l'autel qui en est dépositaire.

Saint Louis, à l'amour de son Dieu joignait l'amour de la patrie ; c'était justice : ce fut le principe de ses gloires et de sa prospérité. La France est née à Tolbiac d'un acte de foi et d'une victoire ; elle est unie au christianisme dès son origine. En tête de sa première constitution nous lisons ces paroles, si souvent répétées par l'immortelle libératrice d'Orléans : « Vive le Christ ! il aime les Francs ! » — La France s'est toujours honorée d'être le royaume très-chrétien, la fille aînée de l'Église, et aujourd'hui, malgré les efforts de l'impiété, elle reste encore la première nation catholique.

(1) Mᵐᵉ de Bonnault d'Houët, née Victoire de Bengy.

Vous aimerez cette patrie ; vous la servirez, et si vous êtes appelé à la défendre, vous vous souviendrez des traditions de la famille. — Les chevaliers nos pères, pour sauvegarder son honneur et ses droits sur les champs de bataille, déployaient leur bannière où était inscrite cette devise : *Absit gloriari nisi in cruce.* — Depuis le connétable de Saint-Pol jusqu'à nos jours, vous ne rencontrerez qu'exemples de courage et de vaillance. Il y a quelques années à peine, un noble général mourait en Crimée, commandait par sa valeur intrépide l'admiration de son pays : ses concitoyens lui ont élevé une statue qui redira sa bravoure à nos derniers neveux. — Quand la fille aînée de l'Église entendit les cris de détresse d'un Pontife de sainte et vénérée mémoire, ses plus nobles enfants s'enrôlèrent, comme autrefois les croisés, pour le défendre ; notre famille eut son représentant dans cette armée de braves. Celui qui porte la décoration de Pie IX a droit d'en être fier, puisque c'est à la fois le présent d'un roi et le souvenir d'un saint. L'amour de la France faisait aussi battre le cœur de votre frère, Mademoiselle. Hélas ! pourquoi faut-il qu'il ait été moissonné au printemps de la jeunesse, alors qu'il n'avait qu'une seule ambition, servir son pays? Dans ses derniers moments, il rappelait le maréchal de Villars et sa sublime profession de foi : « L'armée n'a pu me voir mourir en brave ; elle me verra mourir en chrétien (1). » Comme on l'a dit : « Avec le vicomte Charles d'Amoy de Beauclerc, un grand nom s'est éteint, mais un grand exemple demeure. » Oui, il nous a quittés avec une espérance mille fois plus belle que celle du plus brillant avenir : il emportait l'espérance du ciel. L'un et l'autre vous aimerez la France, et si Dieu daigne réjouir votre foyer par d'autres vous-mêmes, vous les éleverez dans ces sentiments de vrai patriotisme chrétien et de fidélité envers cette vieille maison de France, la plus longue, la plus illustre de l'histoire après celle de David, comme le dit Bossuet.

(1) Ses dernières paroles en tombant de cheval : « Pas de médecin, mais un prêtre ! »

Sur l'anneau du saint roi on lisait enfin ce nom qui vous sera cher à jamais : « Marguerite. » — La bonté de Dieu rayonne dans le plan de la famille. Quelle tendre sollicitude dans cette parole prononcée dès l'origine : « Que l'homme ne soit pas seul ; donnons-lui un aide et un soutien ; qu'il rencontre une main pour serrer sa main, et un cœur pour reposer son cœur. » Comme le jeune Tobie, vous avez demandé à Dieu et nous demandions pour vous une tendre et vertueuse compagne. Comme l'homme de l'Évangile cherchant des perles de choix, *bonas margaritas*, vous en avez trouvé une vraiment précieuse, *inventa una pretiosa*, et vous l'avez estimée plus que tous vos biens, — *dedit omnia sua et comparavit eam.* Dieu soit loué d'avoir exaucé nos vœux ! Écoutez ces paroles de nos saints livres recueillies dans un ouvrage de l'illustre Évêque d'Orléans qui repose ici près de nous : « La femme sage et vertueuse est une grâce qui surpasse toute grâce ; son prix est au-dessus des trésors de la terre. — Semblable au soleil qui se lève au plus haut des cieux pour éclairer le monde, ainsi une femme vertueuse fait l'ornement de sa maison. La fortune et la naissance, on les reçoit de ses parents ; mais une bonne épouse, c'est Dieu qui la donne. »

— Vous aimerez donc Marguerite comme une partie de vous-même ; vous l'aimerez, dit l'apôtre, comme Jésus-Christ a aimé son Église ; vous serez sa force et son appui, comme elle sera votre charme et votre trésor. Rien ne pourra jamais altérer dans votre cœur le pur diamant de vos liens, et loin de les rompre, le temps ne fera que les rendre plus étroits. — Entrez, Mademoiselle, avec confiance dans notre famille, où vous trouverez tant de frères et sœurs qui se disputent déjà votre affection. Il ne vous restera que l'embarras de savoir lequel vous aimera davantage et méritera plus de retour. Vous y trouverez aussi une seconde mère qui, par ses vertus, son dévoûment à toute épreuve, vous rappellera celle que Dieu vous a donnée.

L'heure solennnelle est venue : l'Église va recevoir vos engagements, qui trouveront un écho jusque dans les profondeurs des cieux. Tous nous allons nous unir dans une commune et fervente prière, pour redire avec l'Église : « Dieu d'Abraham, de Jacob, de Sara, de Rachel, Dieu du jeune Tobie et de sa vertueuse épouse, qui avez favorisé de tant de consolation et de gloire les alliances des patriarches, bénissez cette religieuse union ; bénissez votre serviteur, votre servante de toute la puissance de votre bonté : à l'ombre de vos ailes ils formeront une famille prospère, et, vous prenant toujours pour termes de leurs désirs, ils suivront la voie qui conduit à la patrie du ciel. »

Tels sont les vœux que nous formons, mon frère et Mademoiselle ; en les exprimant ainsi, je suis l'interprète de vos parents et de vos amis. Afin qu'ils soient exaucés, nous les déposons aux pieds des saints autels.